AF590516

LA PIPÉE,
COMEDIE
EN
DEUX ACTES ET EN VERS,

Mêlée D'ARIETTES.

Traduction libre de l'Intermede Italien
IL PARATAJO.

Représentée pour la premiere fois par les Comédiens Italiens ordinaires du Roi le Lundi le 19 Janvier 1756.

Le prix est de 12 sols avec la Musique.

A LA HAYE,
Chez H. CONSTAPEL, Libraire.
MDCCLX.

ACTEURS.

ARGANTE, *Oncle & Tuteur de Clarice*,	Mr. Rosiere.
CLARICE, *Niece d'Argante*,	Mlle. Baptiste.
FLEURI, *Amant de Clarice*,	Mr. de Relly.
PHILIS, *Sœur de Fleuri, Amie de Clarice*,	Mlle. Gregeois.

La Scene est dans une campagne aux environs de Paris.

LA PIPÉE,

COMEDIE EN DEUX ACTES.

ACTE PREMIER.

Le Théâtre repréfente une campagne fur le bord de la Seine

SCENE PREMIERE.

ARGANTE *feul*.

ARIETTE.

Tout le monde a dans la vie
Sa manie;
La folie
Regne par tout.
L'orgueilleux, l'ame affamée
De fumée,
Manque de tout.
Le fot vante fon mérite ;
Le jaloux fouffre & s'agite ;
La coquette décrépite

Pourſuit l'Amant qui la quitte;
Le plus ſage eſt le moins fou.

Sous l'empire
De Thémire,
L'un ſoupire,
L'autre expire:
Rien n'eſt pire;
C'eſt un martire,
Un délire,
Qui me fait dire,
Chacun eſt enſorcelé:
Tous ont le cerveau fêlé.

Au guerrier la mort diſpenſe
Des lauriers pour récompenſe;
Le joueur perd ſa finance,
L'avare eſt dans l'indigence:
Tous ont le cerveau fêlé.

Leur martire,
Leur délire
Me fait dire,
Chacun eſt enſorcelé:
Tous ont le cerveau fêlé.

Rien n'eſt plus vrai; tous les hommes ſont foux,
Mais le plus inſenſé de tous,
Et qui mérite plus de blâme,
Eſt celui que mêne une femme.
Ma niece cherche à chaque inſtant
A prendre ſur moi l'aſcendant;
Elle voudroit me tenir en tutelle,
Mais je ſuis auſſi madré qu'elle.
La voici, qui vient en chantant.

SCENE II.

ARGANTE, CLARICE *sans voir* ARGANTE.

CLARICE.

ARIETTE. Air noté No. I.

QUEL dommage!
Qu'à mon âge
Mon partage
Soit l'ennui!
Je gémis & je soupire,
Sans le dire:
Jour & nuit:
Qu'un galant veuille m'entendre
Aujourd'hui:
Sans se deffendre,
Mon cœur tendre
Se rend à lui.

ARGANTE *à* CLARICE.

Fort bien, fort bien, Mademoiselle,
Le ton que vous prenez vous fait beaucoup d'honneur.

CLARICE *surprise que son oncle l'ait entendue.*

Qu'ai-je donc dit!

ARGANTE.

Votre bouche décéle
Les sentimens de votre cœur.
Avec bien plus de retenue
Les filles de mon tems mesuroient leurs discours.

CLARICE.

Mais alors, les Tuteurs, mon oncle, étoient ils sourds ?

ARGANTE.

Que dites-vous, ma niece ? (*à part*) Ah! quelle résoluë ?

CLARICE.

Du tems dont vous parlez, dites-moi sans couroux,
A quel âge une fille avoit-elle un époux ?

ARGANTE.

A si sotte demande il n'est point de réponse.

CLARICE.

Vous évitez le piége : hé bien, je vous annonce
Que je veux un mari, puisqu'il faut parler net.

ARGANTE.

Entendrai-je toujours ce refrein indiscret!
D'une fille bien née est-ce là le langage?

CLARICE.

Je ne vois point ce qu'il a d'indécent :
Je crois qu'une fille très sage
Peut avoir un desir pressant
De voir rompre les fers de son triste esclavage.

ARGANTE.

Mademoiselle a fait apparemment un choix ?

CLARICE.

Oui, mon choix est fait, & sans cesse j'y pense :
N'a-t-on pas à mon âge assez d'intelligence
Pour jouir de ses droits?

ARGANTE.

ARIETTE. Air noté N°. 2.

Les nœuds du mariage
Sont les chaines de l'esclavage,

Quel

Quel préſage?
Dans le ménage
Le chagrin
Suit le dédain.
On gémit envain:
Non, jamais l'amour n'eſt ſon partage?
Il s'envole avec les plaiſirs,
Et n'y laiſſe que les ſoupirs.

****

SCENE III.

CLARICE, FLEURI *ſurvient*.

CLARICE *ſeule*.

AH! le maudit Tuteur que m'a laiſſé mon pere!
Serai-je encore longtems ſous ce tiran ſévere,
Qui de ſa volonté veut me faire une loi?
Eſt-il quelqu'un plus à plaindre que moi!
Ah! ſi dumoins Fleuri dans cette circonſtance
Venoit contre mes maux ſoutenir ma conſtance;
Mais il ne paroît point: que dois-je en augurer?
Contre lui mon amour commence à murmurer.
Je l'ai vû pour nos feux prêt à tout entreprendre,
Ceſſeroit-il d'être fidelle & tendre?

FLEURI *en entrant*.

Je vous retrouve enfin: ce n'eſt que près de vous
Que je goûte un plaiſir extrême.
Ah! que les yeux de ce que j'aime
Ont pour moi des charmes bien doux!

J'étois avec ma sœur qui flattant ma tendresse,
De vos attraits touchans me vantoit le pouvoir,
Et suspendoit par cette adresse
L'empressement que j'avois de vous voir;
Mais à mon air distrait, à mon impatience
Elle à dû s'appercevoir
Que vous seule deviez avoir
Le secret de guérir les rigueurs de l'absence.

CLARICE.

je faisois le procès au zèle des Amans,
Lorsque je t'ai vû paroître:
Loin deux, disois-je, hélas! nous comptons les momens,
Tandis qu'ils se font peut-être
Un plaisir de nos tourmens.

FLEURI.

Je crois que l'aimable Clarice
Me rend un peu plus de justice,
Et qu'elle n'a pas sujet . . . .

CLARICE.

Mais tu m'as parlé d'un projet
Qui doit de mon Tuteur m'empêcher de dépendre;
Quand en verrai-je l'effet?

FLEURI.

Nous sommes convenus de nous taire & d'attendre;
J'observe le traité, mais j'ai les yeux sur tout.

CLARICE.

Attendre, ne rien dire, est bien peu de mon goût:
Je suis fille en un mot, & jamais le silence
N'a caché le dépit de mon impatience.
Jamais de nos desseins nous ne viendrons à bout.

FLEU-

FLEURI.

Prêt d'humeur, j'imagine une ruse immancable:
Laissez faire. A nos vœux votre oncle, plus traitable,
Dès ce soir conclura notre himen souhaité.

CLARICE.

Lui? Ne t'en flattes pas; il est plus entêté
Que jamais.

FLEURI.

Nous verrons; je sçaurai le réduire.
Mon bonheur en dépend; laissez-moi tout conduire.
Vous voyez mon déguisement:
J'attends tout de cet artifice,
Cet habit emprunté dupera l'avarice
Du Tuteur qui s'oppose à mon contentement.

ARIETTE.

Va, rassure-toi, ma chere,
Bientôt
Mon sçavoir faire
Nous tirera d'affaire.
Compte sur moi, ma chere,
Jamais quand il faut plaire
L'Amant n'est en défaut.
Espere,
Ma chere,
En ce jour,
A ton oncle mon amour
Prépare un joli tour.
Je ris de la colere
Qu'il en aura tantôt:
Qu'il sera sot!
Nous le tiendrons bientôt,
Qu'il sera sot!

CLARICE.

S'il se laissoit duper, je serois bien surprise;
Mon oncle est mèfiant & ne donne pas prise.

FLEURI.

L'Amour eſt bien ingénieux
Quand il eſt éclairé par le feu de vos yeux.
Il m'inſpire le ſtratagême;
S'il réuſſit, j'aurai la main de ce que j'aime.
Mon bonheur eſt certain.

CLARICE.

Je n'oſe l'eſperer.

FLEURI.

Soyez tranquille; adieu, je vais tout préparer.

SCENE IV.

CLARICE *ſeule.*

MAlgré ſa flateuſe promeſſe
Rien ne ſçauroit raſſurer mon amour:
L'eſpoir, la crainte, tour à tour,
Font naitre dans mon cœur la joie & la triſteſſe

ARIETTE Noté N°. 3.

Un épais & ſombre nuage
Annonce l'orage:
Il préſage
Un prompt naufrage.
Eſperons avec courage,
Le ciel deviendra ſerein;
Plus de chagrin!

SCENE V.

Le Théâtre repréſente des bocages ſur le rivage de la Seine.

FLEURI *ſeul déguiſé en Payſan.*

TRomper un vieux avare eſt un plaiſir bien doux.
Ma ſœur doit avec moi conduire l'impoſture;
Elle n'a d'autres biens que ceux de la nature;
Tâchons de lui donner Argante pour époux:
Souvent les vieux ſont aſſez foux
Pour ſe laiſſer prendre par la figure:
Les graces tiennent lieu de dot & de bijoux.
Mon embuche eſt dreſſée, & le moment arrive,
Où pour ſe promener il choiſit cette rive:
Déja je l'apperçois . . . feignons de travailler.

FLEURI fait ſemblant de creuſer ſans voir ARGANTE.

ARGANTE *ſeul.*

J'ai toujours cent projets en l'air,
Je voudrois bien avoir une Maitreſſe,
Qui ſçut mériter ma tendreſſe;
Mais le cœur d'une fille eſt trop intereſſé;
Si de ma niece auſſi j'étois débaraſſé,
Et pouvois garder la richeſſe
Que ſon pere en mourant pour elle m'a laiſſé;
Mais il faudra ſa dot avant l'acte paſſé.
Je voudrois.... je ne ſçai.... mais que fait là cet homme?
De ſa mâle vigueur il n'eſt point économe:
Il y va de bon cœur.

FLEURI.

ARIETTE. Noté N°. 4.

Que ne suis-je hirondelle?
Pour aller soudain
Annoncer à ma belle
Mon riche butin.
Seroit-elle cruelle?
L'Amour me dit, non:
L'or rend un cœur rebelle,
Doux comme un mouton.
à part.
Il est attentif, bon.
Il mord à l'hameçon.
haut.
Un trésor en ta puissance!
Ah Lucas? quel bonheur pour toi?
Ton sort vaut bien celui d'un Roi:
Oui, je suis dans l'opulence:
Me trompai-je? Non ma foi?
Il est pour moi.
Il est à moi.

ARGENTE *à part.*

Un trésor! voyons ce que c'est....
haut.
Monsieur, je suis votre valet.

FLEURI.

Monsieur, je suis le votre... une certaine affaire
M'occupe ici.

ARGENTE.

Puis-je sans vous déplaire
Demander ce que c'est?

FLEURI.

C'est.... j'exerce mes bras,
Pourquoi le demander; ne le voyez-vous pas?
Au demeurant que vous importe?

AR-

ARGANTE *à part.*

Me tendroit-il un piége en parlant de la ſorte?
Ou bien eſt-ce un ſecret qu'il voudroit me cacher?
haut.
Je ne prétends pas vous fâcher
L'ami, mais puiſqu'ici ma préſence vous bleſſe,
Je me retire & je vous laiſſe;
Adieu. Travaillez ſans témoin.
à part.
Pour voir ce qu'il fera, cachons-nous dans un coin

FLEURI *recommence.*

Que ne ſuis-je hirondelle?

ARGANTE *ſort précipitamment.*

Il n'eſt plus tems de te défendre,
Ton ſecret m'eſt connu; je viens de tout entendre;
Explique-toi: quel eſt donc ce butin?
Voyons le ... dans quel lieu....

FLEURI.

Monſieur.

ARGANTE.

Parle, coquin?
Ou je m'en vais, ſans tarder d'avantage,
Apeller contre toi le Bailli du village.

FLEURI.

Là, là, tout doux! ... mais je crains de parler,
Etes-vous ſeul?

ARGANTE.

Tout ſeul.

FLEURI *à part.*

Tâchons de l'engeoler.
haut.
Puis-je en vous prendre confiance?

ARGANTE.

Tu le peux.

FLEURI.

Il suffit ; il faut de la vaillance,
En avez vous ?

ARGANTE *en tremblant.*

Beaucoup.

FLEURI.

Hé bien ! écoutez-moi ;
Vous m'avez vû fouiller.

ARGANTE.

Oui.

FLEURI.

Voici pourquoi.
D'un trésor caché là, j'ai fait la découverte ;
Profitons vous & moi de la fortune offerte,
Partageons à nous deux cet argent enfoui,
Et gardons le secret. Consentez-vous ?

ARGANTE.

Oui.

FLEURI.

Mais il faudra m'aider.

ARGANTE.

Que veux-tu que je fasse,
Dis le moi ?

FLEURI *lui donnant la pioche.*

Je suis las ; tenez, prenez ma place ;
Voilà la pioche, allons, creusez ici.

AR-

ARGANTE.

Où ?

La trape descend.

Argente tombe dans la fossé, & crie au secours.

FLEURI.

Là.... l'ours est dans la tanniere,
Clarice doit par moi l'aprendre la premiere,
Courons l'en avertir.

SCENE VI.

ARGANTE *dans la trape*, FLEURI, PHILIS.

FLEURI.

Le voilà dans la trape:
Nous ferons danser l'ours
Par cette attrape.

ARGANTE *dans le fossé.*

Au secours, au secours.

PHILIS.

Quel son me frape?

ARGANTE.

A l'aide, au secours, au secours.

PHILIS.

Quels cris! hé vîte!
Quelqu'un dans ce fossé
Tout froissé
S'agite.

Des Paysans viennent retirer Argante.

AR-

ARGANTE *aux Payſans.*

Ai, ai: j'ai les côtes rompues;
Vos peines, braves gens, ne feront point perdues.
Il leur donne de l'argent.

PHILIS *à part.*

Voyons s'il ſera généreux.

ARGANTE *à* PHILIS *après avoir remercié les Payſans.*

C'eſt à tes ſoins officieux
Que je dois le ſecours propice
Qui m'a tiré du précipice.
Je ne puis t'exprimer ce que mon cœur reſſent;
Mais je ſuis fort reconnoiſſant.
Puis-je ſçavoir le nom de ma Libératrice?

PHILIS.

Je m'apelle Philis, dans le hameau prochain
Je fais ma demeure ordinaire,
Je garde près d'ici le troupeau de mon pere,
Et je rends graces au deſtin
De m'avoir en ce lieu conduite par la main
Pour prêter à Monſieur un ſecours ſalutaire.

ARGANTE.

Comme elle a de l'eſprit! ha! charmante bergere
Votre ingenuité jointe à votre candeur,
Fait trop de progrès dans mon cœur,
De vos beaux yeux l'amour s'y gliſſe;
Vous pouriez me rendre amoureux.
Je vous quitte, Philis.

PHILIS.

Par ces mots doucereux
Comptez-vous acquitter cet important ſervice?

AR-

ARGANTE.

Non, je veux avec toi me lier d'amitié,
Et dans tous mes plaisirs te mettre de moitié.
Ton bon cœur & ta gentillesse
M'ont décidé ; compte sur ma tendresse ;
En carosse brillant nous irons à Paris,
Pour toi j'y ferai naitre & les Jeux & les Ris,
Les Boulevards, le Cours, le Bal, la Comédie,
Tu verras tout, au gré de ton envie ;
Du tendre amour nous sentirons les feux,
Nous vivrons l'un pour l'autre, & nous serons heureux.

PHILIS.

Je ne fais point de cas de ces galands de ville.

ARGANTE.

Ton goût est donc bien difficile ?

PHILIS.

Ces Messieurs se font trop valoir ;
Leur bruyante grandeur me seroit importune ;
Et leur amour, ainsi que leur fortune,
Change du matin au soir.
De nous je sçai d'ailleurs que souvent on se moque.
Ce que vous promettez me paroît équivoque.

ARIETTE, Noté N°. 5.

Des yeux le langage tendre
Fait voir un cœur amoureux :
Les plaisirs qu'on nous fait prendre
Le décelent encor mieux.
Soupir, parole,
Tout est frivole :
On nous engeole,
Quand la pistole
Brille à nos yeux.

Une fête
Qu'on apprête,
Nous arrête;
Mais la conquête
Est loin encor,
Il faut de l'or.
Un Amant
Tendre & galand,
Mais indigent,
Y perd sa peine.
Et de sa chaine
Rit l'inhumaine
Que l'or mene.
L'or seul l'entraine.
Point d'argent,
Elle est hautaine,
L'humeur la prend.

ARGANTE.

Va, tu n'auras point à te plaindre;
Tu peux t'en fier à moi.

PHILIS.

Monsieur, de votre bonne foi
Je croirois n'avoir rien à craindre,
Si .... Le joli brillant que vous avez au doigt!

ARGANTE.

Ah! je vois venir Clarice;
Finissons notre entretien;
Je n'oublierai jamais cet important service,
J'en suis reconnoissant, & tu n'y perdras rien;
Tu peux avoir un jour & mon cœur & mon bien.

PHILIS *à part & s'en allant.*

De son cœur, sans effort, je fais le sacrifice;
Puisqu'il n'aura jamais le mien;
Qu'il nous donne son or, & quitte je le tien!

Elle sort.

SCÈNE

SCENE VII.

ARGANTE *seul.*

Que je viens de l'échaper belle!
Voilà donc de tes tours, ô fortune cruelle,
Pour chercher un trésor je me casse le cou,
Et ne trouve jamais le sou.
Ce maudit piocheur m'a pris pour une grue,
Il croyoit que j'allois me prendre à l'hameçon;
Mais je gagerois moi, qu'à l'endroit qu'il remue,
Il n'est non plus d'argent qu'au coffre d'un gascon.

CLARICE *sans voir Argante.*

à part.
Fleuri ne paroît point: quelque nouvel obstacle
A retardé l'effet de ce qu'il m'a promis.

ARGANTE *apercevant Clarice.*

Ah! ma niece, pour toi le ciel n'a pas permis
Que je périsse; & c'est un grand miracle,
Si ton oncle à tes yeux est encore vivant.

CLARICE.

Quel malheur! achevez.

ARGANTE.

Je marchois en rêvant,
Me promenant comme à mon ordinaire,
Quand soudain sous mes pieds s'ouvre une fondriere,
J'y tombe.

CLARICE.

Hé bien?

ARGANTE.

J'apelle, l'on m'entend,
On vient à mon secours; ah! Clarice, ah! ma niece,
Il faut te faire part du plus beau de la piece.

ARGANTE, CLARICE.

DUO.

ARGANTE *seul.*

D'une ardeur extrême
J'aime.
Qui l'eut cru?
En ces lieux j'ai vu,
Et je suis vaincu.
J'étois dans un précipice,
Et j'implore un bras propice;
Ah! Clarice,
Quel office!
Mon cœur novice
A payé bien cher ce service:
Mon aimable Libératrice
M'a vaincu par cet artifice.
Je suis vaincu;
Qui l'eût cru?

CLARICE *seule.*

Une aimable pastourelle,
Jeune & belle,
Dont la prunelle
Ensorcele,
Vous rend fidelle;
Votre cœur épris,
Surpris,
Brule pour elle:
Au nouvel Amant
Je fais mon compliment:
Oh vous êtes charmant.

(*Argante soupire.*)

Ce

Ce gémiſſement
Vous décele;
En ce jour
L'Amour
Vous mene:
Il vous enchaine:
Point de détour
Dans ce ſéjour,
Ce Dieu vous a fait un tour;
Il vous mene.

ARGANTE *ſeul.*

Et ſans retour.

CLARICE.

Quelle honte!

ARGANTE.

Ah! quel conte!

ENSEMBLE. Noté N°. 6.

CLARICE.	ARGANTE.
L'himen a plus d'un ſouci,	Je n'aurai point ce ſouci:
Lorſqu'à votre âge	L'homme à mon âge
L'on s'engage;	Qui s'engage
Songez-y:	Eſt cheri:
D'un vieux mari	D'un tel mari
On dit, fi, fi.	Dit-on, fi, fi?

ARGANTE *ſeul.*

Chere niece,
Dans ces lieux
Deux beaux yeux
Pleins de tendreſſe
M'ont fait piece:

ENSEMBLE.

Que je plains un cœur qui ſoupire	Mon cœur ſoupire
. . . .	Et j'oſe le dire

Vous ofez le dire
Quel délire!
Qui ne riroit
De ce trait?
Gardez votre fecret.
Quel délire!
Pourquoi le dire?
. . . .
. . . .

. . . .
Pourquoi rire;
Quand je foupire,
Pourquoi rire?
De ce trait
Mon cœur foupire
Sans délire,
Et je puis dire
Mon fecret.

CLARICE *feule.*

Une paftourelle,
Jeune, tendre & belle,
Vous aimera-t-elle
Conftante & fidèlle?
Vous la croyez telle:
Vous vous trompez fort;
Un amant s'en mêle:
On goûte fon zèle,
Et l'époux a tort.

ARGANTE *feul.*

Tout me raffure:
Sur ma figure,
J'ai mon paffe-port.

CLARICE *feule.*

Une paftourelle,
Jeune, tendre & belle,
Vous aimera-t-elle?
J'en doute très-fort.

ARGANTE *feul.*

Je l'efpere.

CLARICE *feule.*

C'eft chimere.

ENSEM-

ENSEMBLE.

CLARICE.	ARGANTE.
Mais à votre âge	Mais à mon âge
Celui qui s'engage	Celui qui s'engage
Dans le mariage	Dans le mariage
Verra	Verra
Ce qu'on dira.	Ce qu'on dira.
L'on rira,	L'on rira,
L'on dira,	L'on dira;
L'on rira,	L'on rira,
L'on dira,	L'on dira
L'on j'afera;	Ce qu'on voudra.
L'on rira,	L'on rira,
L'on dira,	L'on dira,
Et l'on se moquera.	Et lui s'en moquera.

Fin du premier Acte.

ACTE II.

SCENE PREMIERE.

PHILIS, ARGANTE.

PHILIS *portant des Oiseaux dans une cage.*

ARIETTE. Air noté N°. 7.

ETRENÉS, Messieurs, étrenés une fillete.
J'ai dans ma cage & Pinçon & Fauvette:
Venez tous, venez faire emplette.
Avancez,
Choisissés,
Ils sont privés,
Venez faire emplette:
Voulez-vous l'Alouette?
Voulez-vous la Fauvette?
Hé! hé!

ARGANTE *à Philis.*

Va vendre ailleurs ta marchandise:
Elle n'est point ici de mise,
La Belle, laisse-moi.

PHILIS.

Le joli compliment!
Monsieur, vous oubliez bien vîte,
Celle qui charitablement
Vous a tiré d'un mauvais gîte:

Vous

Vous me parliez alors différemment;
Vous vouliez être mon Amant.

ARGANTE.

Ah! c'est toi, belle enfant, avois-je la berlue?
Je ne t'avois pas reconnue:
Pardonne à mon esprit reveur.

PHILIS.

J'ai bien de la peine à vous croire.

ARGANTE.

Hé! pourquoi donc, mon petit cœur?

PHILIS.

Ou vous êtes menteur,
Ou bien vous perdez la mémoire.
N'avez vous pas dit tantôt
A Clarice votre niece
Que pour moi vous aviez une vive tendresse;
Que vous m'épouseriez bientôt?
Dût-elle en mourir de tristesse.
Allez, Monsieur, vous feriez mieux
De la marier elle-même.
Donnez-lui l'Amant qu'elle aime;
Cessez de vous rendre odieux.

ARGANTE.

Quoi! pour ses intérêts tu me cherches querelle?

PHILIS.

Clarice vient: je vous laisse avec elle;
Je pars: songez à couronner ses vœux;
Mettez fin aux tourmens de deux cœurs amoureux.

ARGANTE.

(*a part.*) Elle sçait son secret: (*haut.*) à te revoir la Belle.

SCENE II.

CLARICE, ARGANTE.

CLARICE.

Mon Oncle, c'eſt donc là cet objet de vos feux?

ARGANTE.

C'eſt lui-même,

CLARICE.

L'Amour vous rendra généreux:
L'amour fait quelquefois des miracles; j'eſpere
Qu'en ce jour il en fera deux:
Philis a ſçu vous plaire,
Pour épouſe vous la prendrez,
Et vous la doterez:
Après, ſoit dit ſans vous déplaire,
Vous retenez mon bien & vous me le rendrez.

ARGANTE.

Je crois que de moi l'on ſe mocque,
Un ſemblable diſcours me choque.

ARIETTE notée N°. 8,

Eſprit, gentilleſſe
Vaut mieux que richeſſe;
Quand on eſt bien fait
Aux Belles ont plaît:
Et c'eſt bien-tôt fait.
On bleſſe
Du premier trait,
Et c'eſt-là mon fait.
Je preſſe,
Je bleſſe
Du ſeul premier trait.

CLA-

CLARICE *à part.*

Essayons, par la douceur,
D'amadouer cet avare.

haut.

Pour moi, cher Oncle, ayez moins de rigueur,
Rendez-moi mon bien.

ARGANTE.

Tarare,

CLARICE.

Ah! vous avez tant de bonté:
Pourquoi me refuser?

ARGANTE.

Telle est ma volonté.

CLARICE.

ARIETTE N°. 9.

Cher Oncle, tuteur tendre,
Ah! pourquoi me faire attendre?
Ah! pourriez-vous vous défendre
De rendre
Un bien que je dois reprendre?
Ah! je ne puis m'y méprendre,
Bientôt
J'aurai ma dot.
Oui, je vous rends justice,
Votre amour pour Clarice,
Va faire un sacrifice
Propice:
Bientôt
J'aurai ma dot.

ARGANTE.

Finiras tu bientôt ta Comedie?

CLARICE.

Non, retenir mon bien, c'est m'arracher la vie;
Vous êtes un tiran.

AR-

ARGANTE.

Quoi, me parler ainsi !
Me gardiez-vous ce grand-merci,
Pour les soins que j'ai pris d'élever votre enfance ?
Ingrate, à découvert ton ame se fait voir;
Mais je sçaurai punir ton insolence,
Et te ranger à ton devoir.

CLARICE.

Mon oncle....

ARGANTE *en la menaçant.*

Taisez-vous, marchons, va, je t'aprête....

CLARICE *à part.*

Je vois bien qu'il faudra faire un coup de ma tête.

SCENE III.

FLEURI, CLARICE.

FLEURI.

ST, st, Clarice.

CLARICE.

Hé bien donc! quoi?
As-tu perdu la tête,
Et ne vois-tu pas devant moi
Marcher ce vilain trouble-fête?

FLEURI.

Ecoutez mon projet.

CLARICE.

Non, je n'écoute rien:
Ils te réussissent si bien....

FLEU-

FLEURI.

Eſt-ce ma faute, ſi....?

CLARICE.

Voudrois-tu bien te taire:
Tu n'es point aſſez fin pour conduire une affaire;
C'eſt moi qui veux m'en charger.
Trouve-toi tantôt au verger.
Tu verras ce que je ſçai faire.
Nous avons formé le projet
D'une nouvelle fourberie,
Philis & moi: mon oncle en eſt l'objet:
Ne nous trouble point, je te prie.
Ma colere s'aigrit, quand on me contrarie.
A quelque pas de nous tu te tiendras caché,
Et tu verras ſi cet ours mal ſéché
Se tire de mes mains ſans que je le déniaiſe,
Tu pourras de mes tours te moquer à ton aiſe.
Je ne te dis plus rien, Fleuri; prends garde à toi.

SCENE IV.

FLEURI *ſeul.*

Nous verrons ſi Clarice a plus d'eſprit que moi:
Je ſçai que quand l'amour fait agir une Belle,
Il faut être bien fin pour être plus fin qu'elle;
Qu'en ruſes, en détours ſon génie eſt fécond;
Mais je n'ignore pas qu'un avare en ſçait long;
Le ſoin de ſes écus & l'agite & l'occupe;
Il craint toujours qu'on ne le dupe.
Argante contre toi s'oppoſe à nos ſouhaits,
Il y va de ta gloire, Amour, ſers nos projets.

ARIET-

ARIETTE. Air noté N°. 10.

Quitte Cithére,
Dieu du mistére;
C'est en toi que j'espére.
Amour, rends heureux
Deux cœurs amoureux.
Serre nos chaines:
Finis nos peines:
Que les plus tendres plaisirs
Remplacent les soupirs:
Viens combler nos desirs.

SCENE V.

Le Théâtre représente des vergers préparés pour la Pipée.

PHILIS, CLARICE *apprêtant des filets.*

PHILIS.

POUR nos projets la journée est charmante,
Le Ciel couvert, pas le moindre zéphir,
Oh! que nous aurons de plaisir!
Que d'oiseaux nous prendrons!

CLARICE.

Si contre notre attente....

PHILIS.

Ne crains rien: tout est prêt, apeaux, cages, filets,
Ne faisons point de bruit, tenons nous aux aguets.

CLARICE.

Auparavant je veux examiner moi-même,
Si rien ne manque au stratagême;

Sou-

Souvent par toi les rets ſont ſi mal accrochées,
Que j'ai vû quelquefois les oiſeaux dénichés.

Dialogue en chant. N°. 11.

PHILIS.

Troupe volage
A mettre en cage,
Quel beau plumage!
Quel doux ramage!

CLARICE.

Paix, paix.

PHILIS.

Oui, je me tais.
Déja je vois trois alouettes,
Et deux fauvettes:
Six, ſept.

CLARICE.

Quoi! tu répetes?
Paix, paix.

PHILIS.

Oui, je me tais.

SCENE VI.

FLEURI, CLARICE, PHILIS.

FLEURI.

Comment va la pipée? En avez vous bien pris?

PHILIS.

Paix donc.

CLARICE.

Faut-il être ſurpris
Si nous n'avons rien pris encore,
Nous n'avons pas tiré le filet d'aujourd'hui.

PHILIS.

Renvoyez-le, Clarice, ordonnez lui
D'aller cauſer tout ſeul près de ce ſicomore,
Derrière ce buiſſon & de s'y bien cacher.

CLARICE.

Pour avoir du plaiſir & ne pas nous fâcher,
Va-t-en & ne dis mot.

FLEURI.

Mais, ſi ſans qu'on l'attende
Votre oncle alloit venir.

CLARICE.

C'eſt ce que je demande.
Le voici, cache-toi vîte.

ARIETTE notée No. 12.

Après la triſteſſe,
La vive allegreſſe
S'empreſſe
Par ſes douceurs
De conſoler nos cœurs.
A ce remede
Tout cede :
Tout cede à ſes plaiſirs,
Et ces plaiſirs
Enchaînent nos ſoupirs.

SCENE

SCENE VII. & dernière.

ARGANTE, CLARICE, PHILIS, FLEURI *cachée*.

ARGANTE *à Clarice*.

FOrt bien, Mademoiselle, hé, dites-moi, de grace,
Quand aurez-vous de la raison ?
Les bals & les concerts, & la pêche & la chasse,
Hors le devoir, tout vous est bon.

PHILIS.

Ne la grondez pas d'avantage,
Nous nous amusons toutes deux.

ARGANTE.

à part.

Si la nouveauté de ces jeux
Lui faisoit oublier & dot & mariage,
L'évenement seroit heureux.

haut.

Ah! Philis est de la partie!
Je m'adoucis; cela la justifie;
Et pour aujourd'hui seulement,
Je vais participer à cet amusement.

ARIETTE. Noté No. 13.

Le badinage,
Les ris & les jeux,
Sont faits pour votre age,
Et vous pour eux.

Vos attraits parent les graces,
Sur vos traces
On voit éclore les fleurs :
De nos cœurs
Vos beaux yeux font les vainqueurs.
Le badinage,
Les ris & les yeux,
Sont faits pour votre age,
Et vous pour eux :
Qui les partage
Eft heureux.

CLARICE.

à part.

Bon ; c'eft ce que je fouhaite.

haut.

Cette brouffaille va vous fervir de cachette.

ARGANTE.

Serai-je bien ici ?

CLARICE.

Non, de l'autre côté vous ferez mieux affis.

Argante paffe de l'autre côté & va s'affeoir dans l'aire du filet que Clarice & Philis tirent en entrant dans la feuillée. Argante fe trouve pris, & Fleuri fe met à rire en fortant de l'endroit où il s'étoit caché.

ARGANTE.

Me ferois-je laiffé furprendre ?
Venez, courez à mon fecours.

Clarice & Philis s'approchent.

PHILIS.

O le vilain oifeau que nous venons de prendre !

AR-

ARGANTE.

Philis, tu badines toujours.

FLEURI *à Clarice.*

Je crains qu'il ne se dégage.

CLARICE *à Fleuri.*

Ne crains rien, les filets sont bons.

ARGANTE.

Clarice, ces jeux-là ne sont plus de mon age :
Viens me tirer d'ici, m'entends-tu? Finissons.

CLARICE.

Je ne plaisante point; tout cela sont chansons.
Si vous voulez sortir de cette cage;
Consentez à mon mariage,
Et donnez-moi la clef de votre coffre fort.
En demandant mon bien je ne vous fais point tort.

ARGANTE.

Cesse de faire la mutine;
J'ai fait choix d'un Epoux que ma main te destine:
Il est jeune, bienfait, d'un gracieux maintien,
Et pour plaire à tes yeux il ne lui manque rien:
Entre son pere & moi cette affaire est conclue,
A demain des futurs j'ai fixé l'entrevue,
Tu seras mariée; en te rendant ton bien,
Par le même contrat je t'assure le mien;
De mes bontés pour toi je ne fais plus mistere,
Pour seconder tes vœux tu vois comme j'agis:
Laisse-là tes oiseaux; retournons au logis.
Détache tes filets.

CLARICE.

Ni Contract, ni Notaire,
Ni cet Epoux charmant que vous m'avez choisi,

Ne vous tireront pas d'ici;
Mon oncle, vous avez beau faire;
On ne me leurre point ainsi.

ARGANTE.

Je consens à ton mariage.

CLARICE.

La clef de vos écus peut seule ouvrir la cage:
Donnez la moi, sans quoi point de quartier;
Vous serez longtems prisonnier.

ARGANTE.

A tout ce que tu veux, hé bien, je me conforme;
à part.
Puis-je faire autrement, puis-que me voilà pris?

CLARICE *à part.*

J'ai forcé cet avare à raisonner en forme:
De notre stratagême enfin voici le prix.

ARGANTE.

Voilà la clef.

CLARICE *en l'examinant.*

Vous vous êtes mépris;
La clef de vos ducats a bien une autre forme.
Vous ne sortirez point de là,
Si je ne l'ai.

ARGANTE.

Tiens, la voilà.

Clarice prend la clef, & fait sortir Argante du filet.

CLARICE.

ARIETTE Noté N°. 14.

Malgré les vents & l'orage,
Ma nef touche enfin au port:
L'équipage,
Sans cordage,
Perd courage.
Mais à tort.
La prudence
S'en offenſe:
L'aſſurence
Nous avance:
La conſtance
Mene au port.

ARGANTE.

Que parles-tu de barque & de tempête?
C'eſt dans ta mauvaiſe tête
Que l'orage regne toujours.

PHILIS.

A quoi ſervent tous ces diſcours;
Il faut faire de bonne grace
Ce qu'on ne ſçauroit empêcher;
Votre niece vous embaraſſe,
Mariez-la ſans vous facher.
Mon frere que voilà la chérit, elle l'aime;
En leur faveur décidez-vous;
Vous ferez leur bonheur ſuprême.

CLARICE.

Mon oncle, y conſentez-vous,
Si je prens Fleuri pour Epoux?

ARGANTE.

(*haut.*) Oui, j'y conſens. (*à part.*) Ah! quelle violence
Ouf. J'étouffe.

CLARICE.

Mon cœur plein de reconnoiſſance
Au rang de vos bienfaits va mettre mon mari.

ARGANTE.

Ruſée!

FLEURI *ſe jette aux pieds d'Argante.*

A vos genoux vous voyez ce Fleuri.

ARGANTE *à part.*

Cette figure-là ne m'eſt pas etrangere.

FLEURI.

Votre indéciſion, Monſieur, me déſeſpere;
Achevez par bonté l'ouvrage commencé.

ARGANTE.

Ah! ah! c'eſt-lui.... Que ne ſuis-je hirondelle!

FLEURI.

Argante, oublions le paſſé;
Venez ſerrer les nœuds d'une chaine ſi belle:
Nous comptons ſur votre bon cœur,
Clarice & moi; vous connoiſſez ma ſœur,
Son déguiſement en bergere
Ne s'eſt fait que pour mieux vous plaire;
Prenez-la, vous l'avez promis:
Devenez à la fois mon oncle & mon beau-frere;
Vivons contens & bons amis.

Il donne la main à Clarice.

QUA-

QUATUOR.

ARGANTE, CLARICE, PHILIS & FLEURI.

Tous quatre ensemble.

AIR noté N°. 15.

En cachette
Faisons retraite,
Sans trompette
Ca décampons.
Mais non, differons
La retraite,
Restons;
La fête
S'apprête;
Arrête:
Voyons.

CLARICE *seule.*

Clarice fort contente
Pour elle aura Fleuri.

FLEURI.

Et Philis dans Argante
Trouvera son mari.

PHILIS *à part.*

Que cette attente
M'enchante!

CLARICE, & FLEURI.

Argante est attendri.

PHILIS *à Argante qui se tait.*

Ce silence
Nous offence:
Parlez vîte & tôt,
Dites le bon mot.

CLARICE, FLEURI *à part.*

Il pense!

CLARICE, PHILIS & FLEURI *à Argante.*

Dites le bon mot.

ARGANTE *seul.*

Philis sera mon lot.

Tous quatre ensemble.

La parole est donnée,
O l'heureuse journée!
Nous sommes tous contens;
Pour l'hymenée
Quelle journée!
Nous sommes tous contens.

F I N.

AIRS CHOISIS DE LA PIPÉE,

INTERMEDE

Traduit de l'Italien, en deux Actes.

Le Prix 6 Sols.

A LA HAYE,
Chez H. CONSTAPEL, Libraire.
M. DCC. LX.

LA PIPÉE

PREMIER ACTE.

nuit, qu'un Galand veuille m'en tendre
aujourd'hui ſans ſe défendre mon Cœur
ten dre ſe rend à lui: Aujourd'huy
ſe rend à lui: Quel do
:S:
Allegretto.
N° 2
Les nœuds du mari-
a- ge ſont les chai- nes de l'eſ- cla-
vage Les nœuds du mariage ſont les

chai

chaines de l'esclavage. Quel présage

dans le ménage le chagrin suit

le de dain, on gemit en vain, Non,

Non, jamais l'Amour n'est son par-

ta- ge il s'en vo . . . .

. . . . le avec les plai-

sirs il s'en vo . . . . . . le il sen-

vo . . . . le avec les plai-
ſirs, & n'y laiſſe que les ſoupirs,
les nœuds du mari- age ſont les
chaines de l'eſ- cla- va- ge; les nœuds du
mari- a- ge ſont les chaines de l'eſcla-
va- ge. Non, jamais l'Amour n'eſt
ſon par- ta- ge, il s'en vo . . .

le avec les plai- firs. il s'en-

vo . . . . . le il s'en vo . . . .

6
le il s'en- vo- le a- vec les plai- firs.

Allegretto.
N° 3
9 Un é- pais & fombre nu-

a- ge an- nonce l'o- ra- ge; il pré-fage

un prompt naufrage, Esperons a vec Cou-
ra-.ge, le Ciel deviendra se- rain,
Espe- rons a- vec cou- ra- ge Le Ciel
de- vien- dra serain, Espe- rons a-
vec Cou- ra- ge Le Ciel de viendra se
rain. Le Ciel deviendra se- rain plus
de chagrin. Un é- pais & sombre nuage,

a- ge, Un é- pais & sombre nu- age

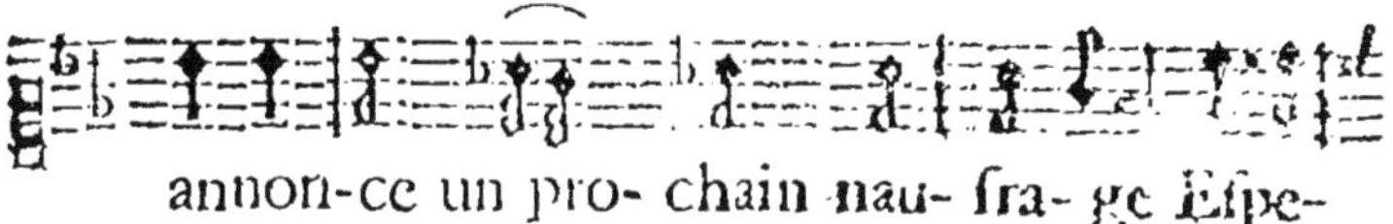
annon-ce un pro- chain nau- fra- ge Espe-

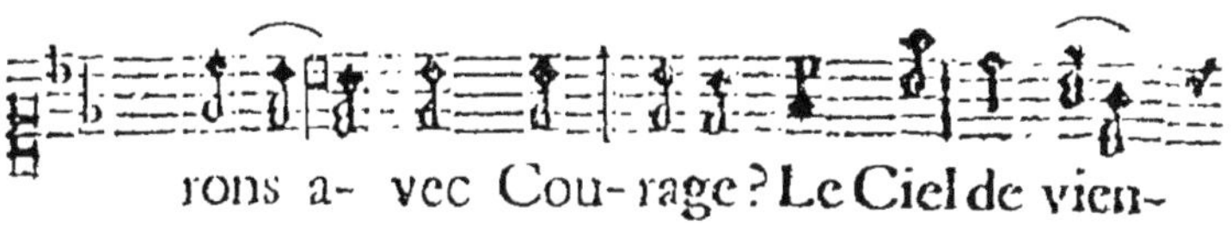
rons a- vec Cou- rage? Le Ciel de vien-

dra Se- rain; Le Ciel, le Ciel de vien-

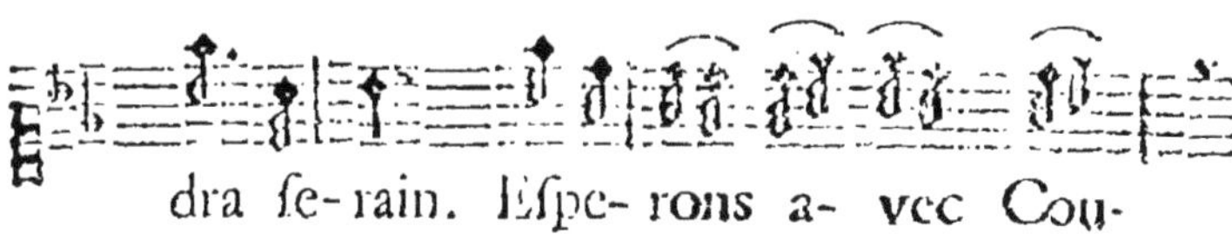
dra se- rain. Espe- rons a- vec Cou-

rage. Le Ciel deviendra serain Espe-

rans a- vec Cou- ra- ge Le Ciel de vien-

dra se- rain. Le Ciel de- viendra se-
rain plus de Chagrin. FIN.
Allegretto.
N° 4
Que ne suis je hirondelle
pour aller soudain an- noncer a ma
bel- le mon riche bu- tin se- roit elle cru-
el- le? l'A - mour me dit non, l'Or
rend un cœur rebel- le doux comme un mouton

ton : il eſt at- tentif, bon, il mort à l'hame-

çon : un Tré- ſor en ta puiſſance, Ah Lu-

cas, Quel bonheur pour toi ton ſort vaut

bien celui d'un Roi : Oui, je ſuis dans l'o- pu-

len- ce, me trom-pai je ? non ma foi, il eſt pour

moi il eſt a moi, un tré- moi.

N° 5 *Allegro.* 18

Des yeux le lan- ga- ge

ten-

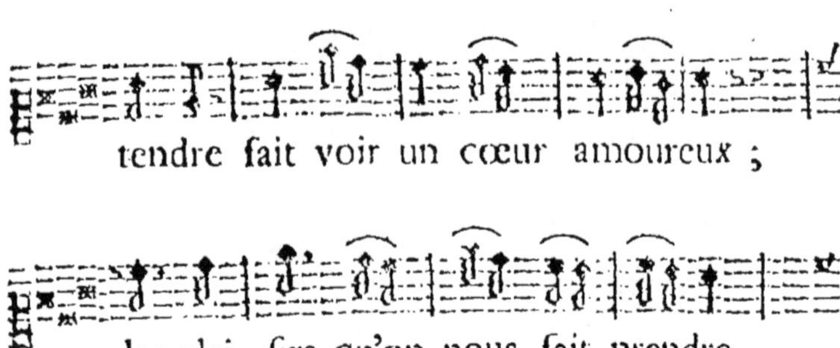

tendre fait voir un cœur amoureux ;

les plai- sirs qu'on nous fait prendre

le dé-célent, en-cor mieux ; le décelent en

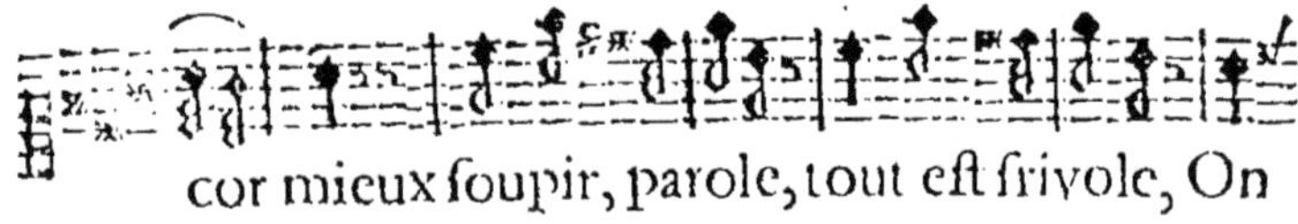

cor mieux soupir, parole, tout est frivole, On

nous en-geo-le, quand la Pis- to- le

brille à nos yeux, une fê-te qu'on a-

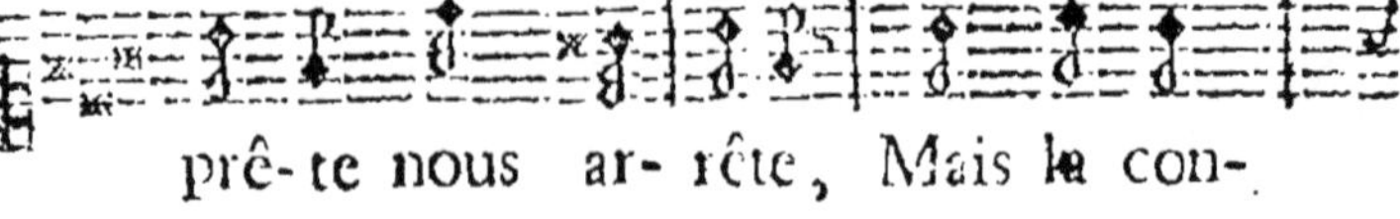

prê-te nous ar- rête, Mais la con-

que

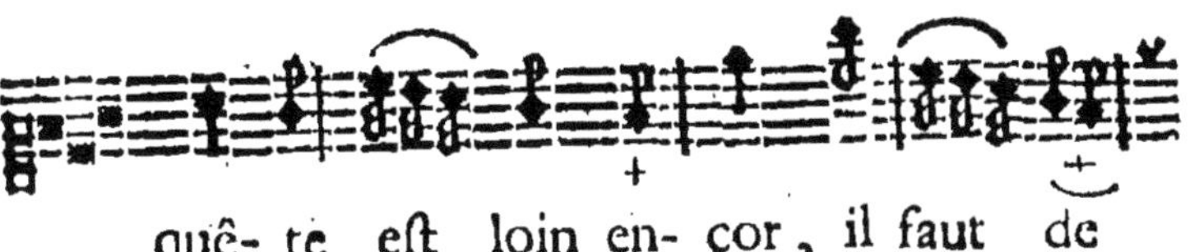
quê- te eſt loin en- cor, il faut de

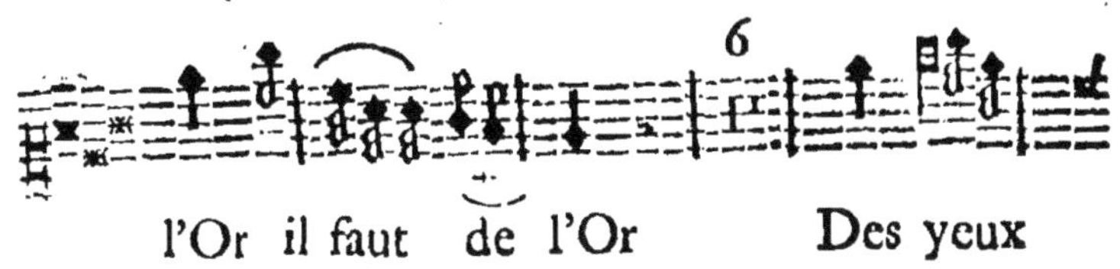
6
l'Or il faut de l'Or Des yeux

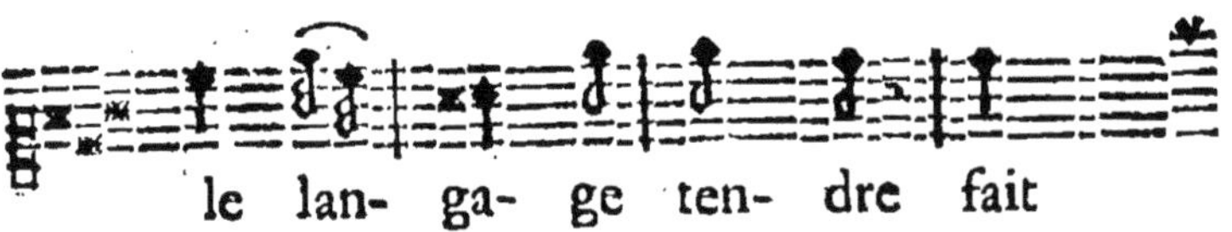
le lan- ga- ge ten- dre fait

voir un cœur a- mou- reux

les plai- ſirs qu'on nous fait

pren- dre le dé- cé- lent encor

mieux

Soupir, pa- role, tout eſt fri-

vo- le. On nous en- geo- le Quand

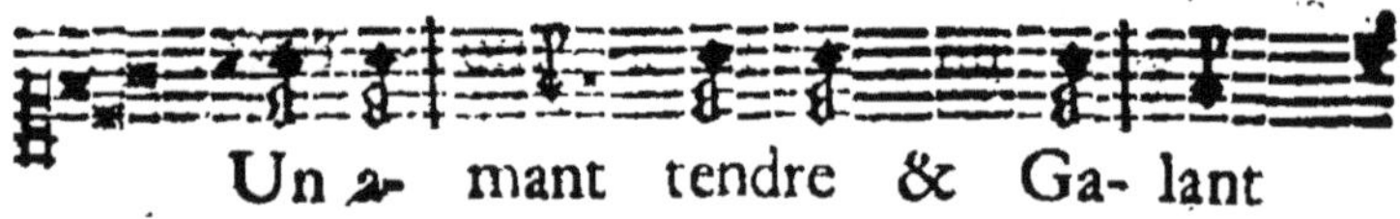

l'in-

l'in- hu- mai- ne que l'Or
me- ne que l'Or- me- ne l'Or-
ſeul l'en- trai- ne point d'Argent elle eſt hau- tai- ne l'humeur la prend el- le eſt hau-
6
tai- ne l'hu- meur la prend,

N° 6

N° 6 DUO

79
l'Himen a
79
Je n'aurai
plus d'un Sou- ci lors qu'à vo-
point ce Sou- ci l'homme a mon
tre a- ge l'on s'en- gage Songés
a- ge qui s'en- ga- ge est ché-
y D'un vieux ma- ri l'on dit
ri D'un tel ma- ri dit on
fi

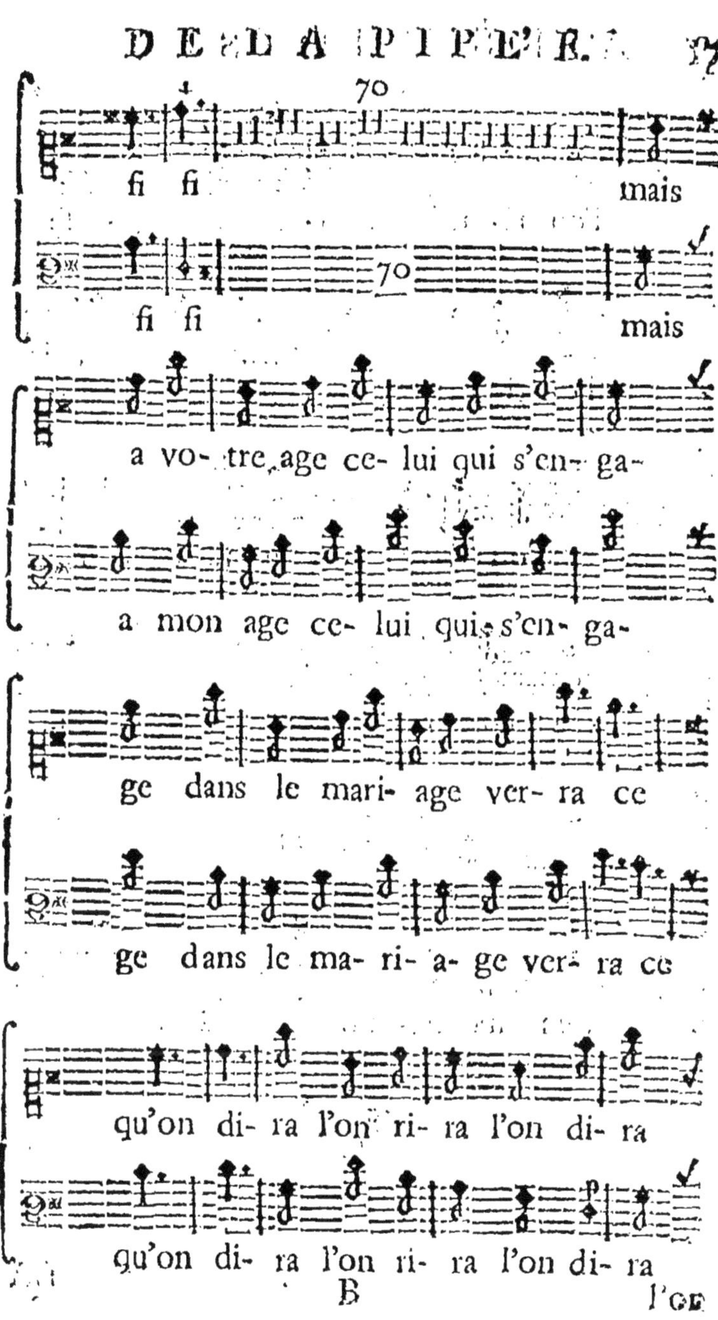
70
fi fi mais
70
fi fi mais
a vo- tre age ce- lui qui s'en- ga-
a mon age ce- lui qui s'en- gage dans le mari- age ver- ra ce
ge dans le ma- ri- a- ge ver- ra ce
qu'on di- ra l'on ri- ra l'on di- ra
qu'on di- ra l'on ri- ra l'on di- ra

l'on ri- ra l'on di- ra l'on ja- se
l'on ri- ra l'on di- ra ce qu'on vou-
ra l'on ri- ra l'on di- ra & l'on
dra l'on ri- ra l'on di- ra & lui

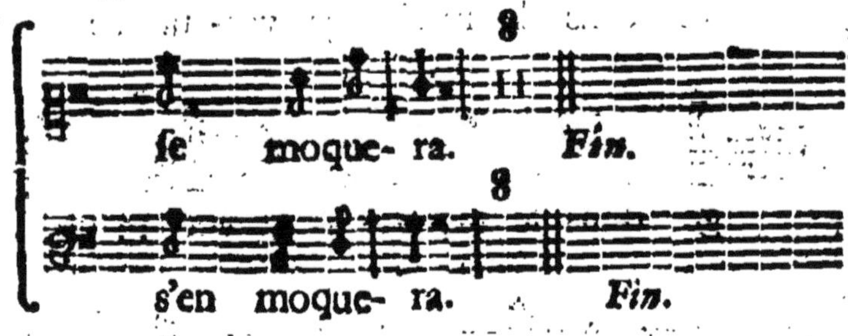
se moque- ra. Fin.
s'en moque- ra. Fin.

LA

LA PIPÉE.

DEUXIEME ACTE.

Andante 20

N° 7

Etré- nés, Mes-

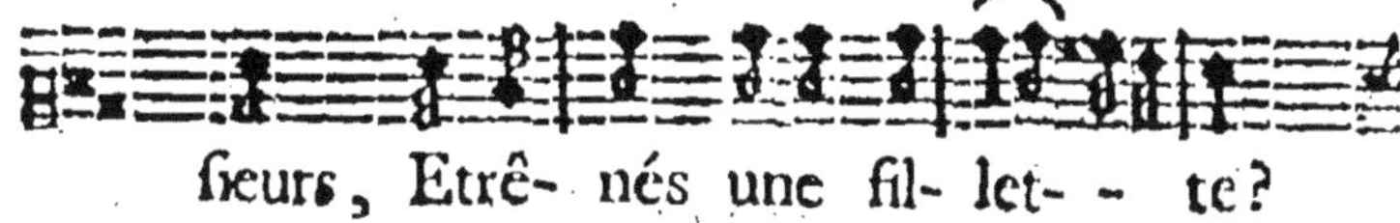

& Fau- vet- te; venés tous? Venés

plette, avancés, Choisissez, Ils
sont dres- sés, Venez faire emplette ; ils sont dres- sés Ve- nez faire em-
plet- te Vou- lez vous l'Alou- et- te
Vou- lez vous la Fau- vette ? Hé ?
Hé ? Avancés ? Choisissés ? Ils
sont dres- sés ? Ve- nés faire emplette ?

te? Ils ſont dreſ- ſés? Ve- nés faire em-

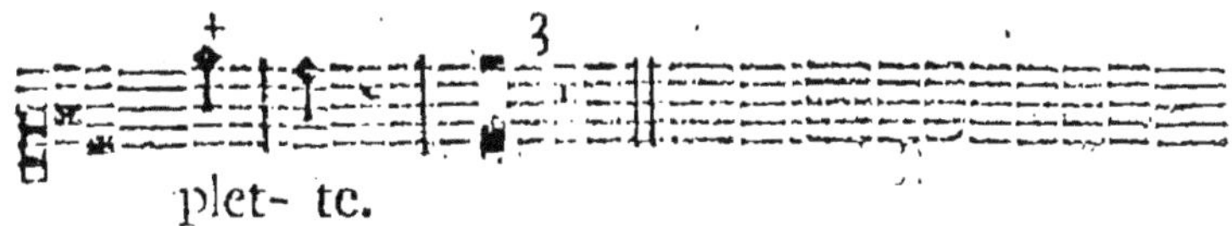

plet- te.

N° 8

Audaute Eſ- prit, Gentil- leſſe, vaut

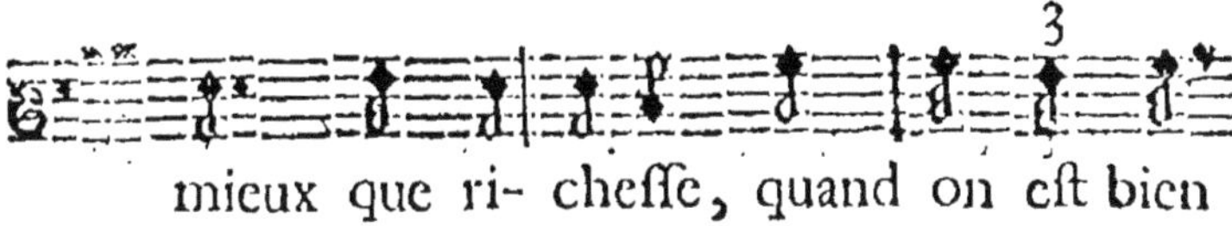

mieux que ri- cheſſe, quand on eſt bien

fait aux belles on plait, & c'eſt bien-tôt

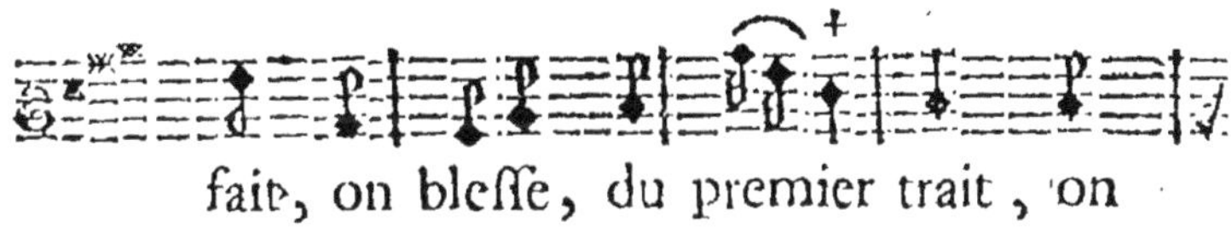

fait, on bleſſe, du premier trait, on

preſ- ſe, on bleſ- ſe, on

pres- se, on bles- se, Quand
on est bien fait, aux belles on plait, &
c'est bien-tôt fait, on blesse du premier
trait & c'est la mon fait je presse je
blesse du seul premier trait, je presse,
je blesse du seul pre- mier trait, &
c'est la mon fait.

N° 9

Nº 9
Andautino
Cher Oncle, Tuteur
tendre, Ah! pour quoi me faire attendre, Ah Pourriez vous vous deffendre de rendre de rendre un bien que
je dois re- prendre. Ah! je ne puis m'y méprendre, bien- tôt j'au- rai ma dot. bientôt j'aurai ma dot, bien-tot, bien-tôt

bien-tôt, j'aurai ma dot. Oui
je vous rends juſ- ti- ce, vo-tre amour
pour Cla- rice va faire un Sacri- fi-
ce pro- pice, bien- tôt j'aurai ma dot,
bien- tôt j'aurai ma dot, bientôt, bientôt
bientôt j'aurai ma dot bientôt, bientôt,
bientot.

Allegretto. 16 :S:

N° 10

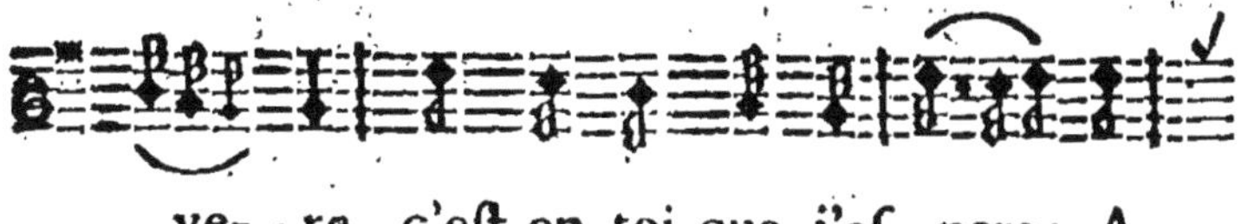

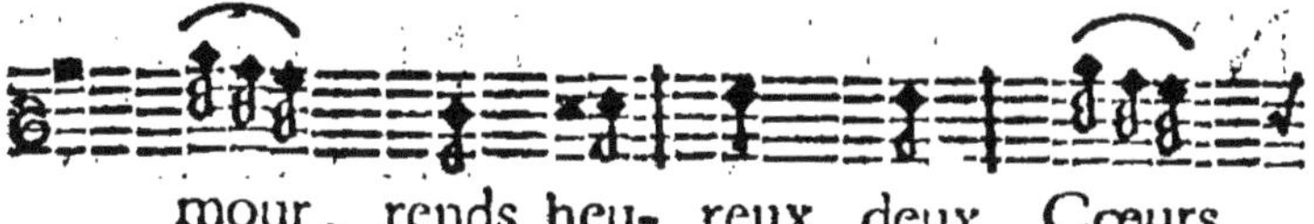

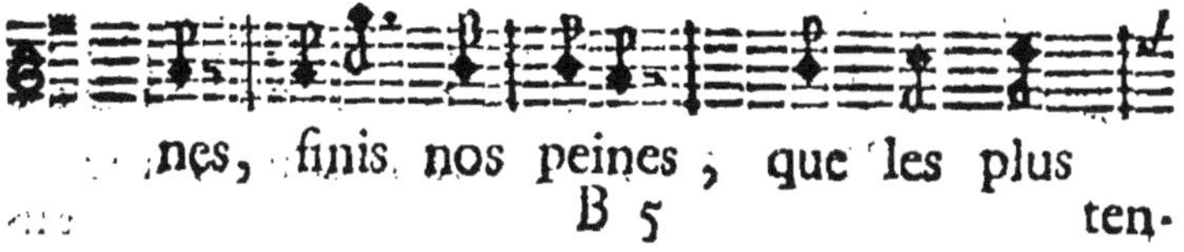

 ten-

ten- dres plai- ſirs rempla- cent
nos Soupirs; viens com- bler nos de
:S:
ſirs, viens com- bler nos de- ſirs.
N° 11
And Philis
Troupe volage à mettre en
3
Cage Quel beau plu- mage
2
Quel doux ramage
2 Clarice.
Paix Paix
Philis.
Paix Paix Oui je me tais Oui je me
tais

2
Alleg.
tais Deja je vois trois Alou- ettes
& deux Fauvettes Six Sept
Clarice.
Philis.
Quoy tu re- petes Paix Paix Oui
2
je me tais Oui je me tais
N° 12
15
Presto.
A- près la tris-
tes- se l'ai- mable alle- gres- se s'em-
presse par ses douceurs de conso-

ler

ler nos cœurs a ce re- mède tout cè- de tout
cè-de a ses plaisirs tout cè-de, tout cè-de, &
ces plaisirs en- chai- . . . .
. . . nent nos Soupirs
en chai- . . . . .
. . . nent nos sou- pirs
10
a- près la tris- tes- se l'ai- ma-

ble

bſe allé- greſ- ſe par ſes plai- ſirs en
chai- . . . ne, en- chai-
. . . , . ne,
en-chai- ne nos Sou- pirs, en chai-
. . . . ne en
chai- . . . ne
nos ſou-pirs, en chaine nos ſou- pirs
17

6
:S:
N° 13
Tendrement. Le Badi- na- ge, les
ris & les yeux ſont faits pour votre age & vous pour eux. Vos attraits pa- rent les gra- ces ſur vos
tra- ces on voit éclo- re les fleurs,
De nos cœurs vos beaux yeux ſont
:S: après le rondeau.
les vain-queurs: le Badi. Qui les
par- ta- ge eſt heu- reux.

N° 14
Mal- grè les vents

& l'O- rage ma nef touche en-fin au

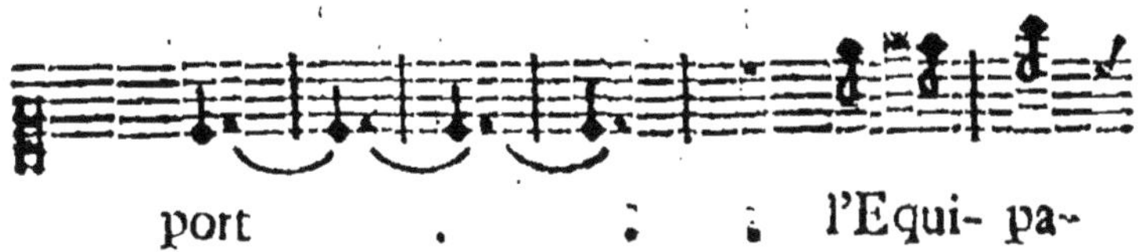
port . . . l'Equi- pa-

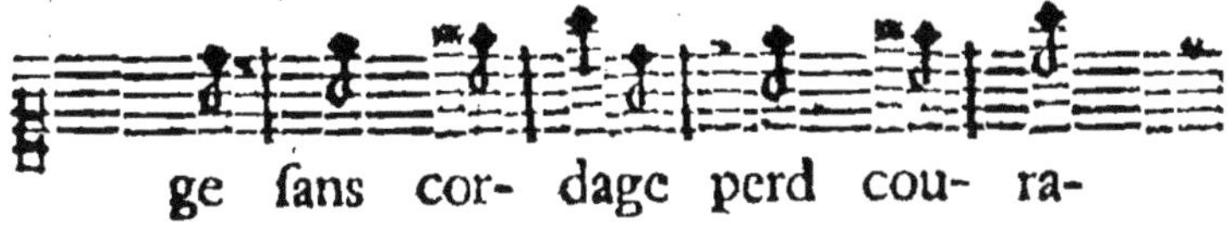
ge ſans cor- dage perd cou- ra-

ge, mais a- tort, la pru- den- ce

s'en of- fenſe l'aſſu- rance nous a-

van- ce, la conſ- tance mè- ne au

port

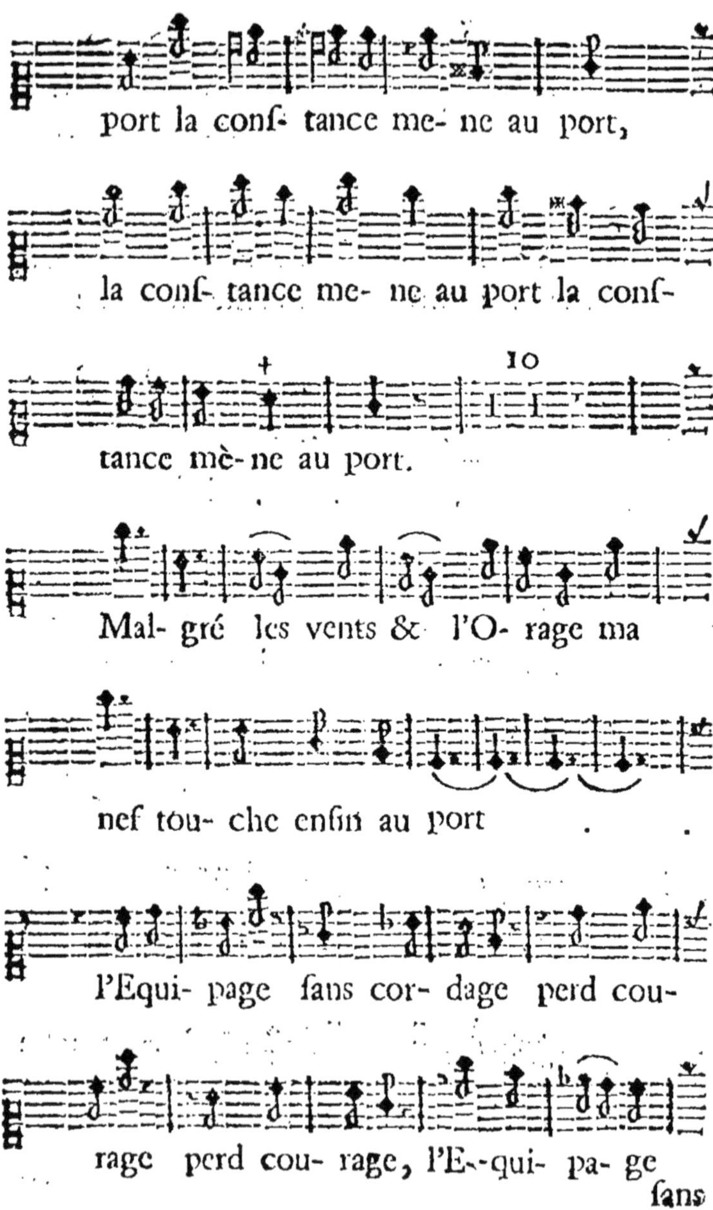
port la conſ- tance me- ne au port,
la conſ- tance me- ne au port la conſtance mè- ne au port.
Mal- gré les vents & l'O- rage ma
nef tou- che enfin au port
l'Equi- page ſans cor- dage perd courage perd cou- rage, l'E--qui- pa- ge
ſans

ſans cor- dage perd cou- rage, mais

à tort la pru- den- ce s'en of- fenſe,

l'aſſu- rance nous a- vance & chan-

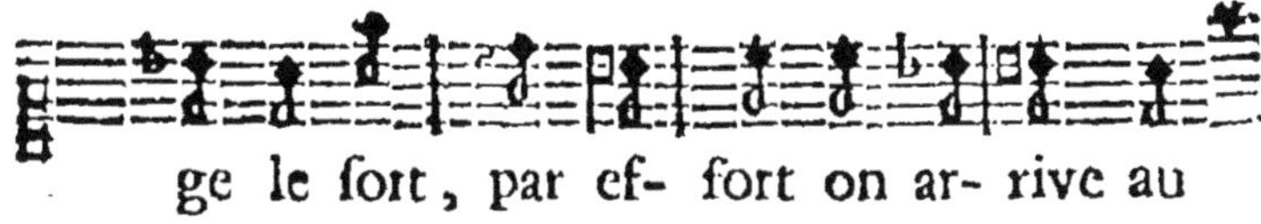

ge le ſort, par ef- fort on ar- rive au

port, par ef- fort on ar- ri-ve au

port, au port, on ar- ri-ve au

port.

No 15

19
La Pa-
19
La Pa-
role eſt don- née, O l'heureuſe jour-
role eſt don- née, O l'heureuſe jour
née? la Parole eſt don- née, O
née? la Parole eſt don- née, O
l'heureuſe jour-née? nous ſommes tous con-
l'heureuſe journée? nous ſommes tous con-
tents,

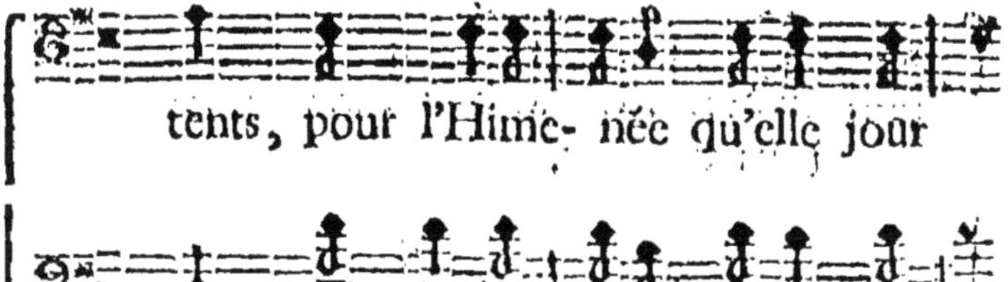

tents, pour l'Hime- née qu'elle jour

tents pour l'Hime- née qu'elle jour-

née? nous ſommes tous con- tents;

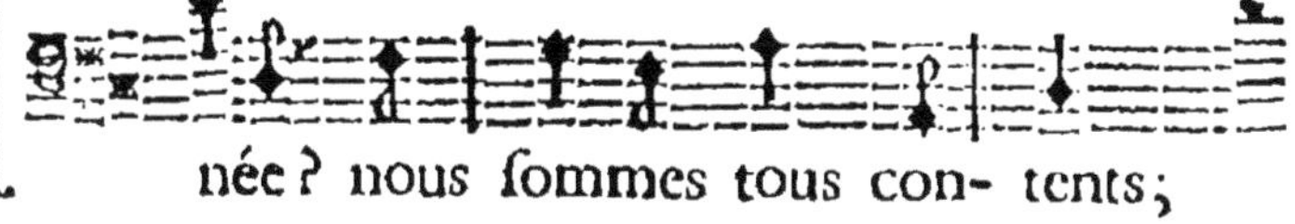

née? nous ſommes tous con- tents;

pour l'Hime- née quelle journée nous

pour l'Hime née quelle jour- née nous

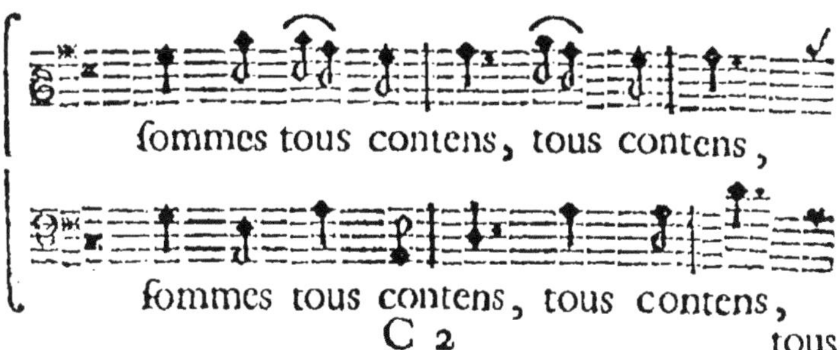

ſommes tous contens, tous contens,

ſommes tous contens, tous contens,

 tous

F I N.

OEU-

OEUVRES DE THEATRE &c.

QU'ON TROUVE

Chez H. CONSTAPEL, Libraire *à la Haye.*

OEuvres de Théatre de P. & T. Corneille, 12°. N. E. très jolie, en 19 vol. Paris 1757.

Oeuvres Complettes de Mr. de Voltaire, gr. 8vo. 17 vol. *Amst.* 1757.

- - - - de Racine, 12. avec fig. 3 vol. *Amst.* 1750.

- - - - de Crebillon, 12°. 3 vol. *Paris* 1754.

- - - - id. 2 vol. *Amst.* 1755.

- - - - de Mr. Piron, 12°. 2 vol. *Amst.* 1754.

- - - - id. très belle edition avec fig, de cochin, 3 vol. *Paris* 1758.

- - - - de Mr. de Marmontel, 12°. *Haye* 1754.

- - - - de Mr. de la Place, 8vo. *Haye* 1760.

- - - - de Moliere, 12°. avec fig. 4 vol. *Amst.* 1750.

- - - - de Nericault Destouches, 12°. avec fig. 5 vol. *Amst.* 1757.

- - - - id. N. E. très jolie, en 10 vol. *Paris* 1758.

- - - - de Mr. de Marivaux, 12°. 4 vol. *Amst.* 1754.

- - - - de Boissi, 12°. 8 vol. *Amst.* 1757.

- - - - de Mr. de la Fosse, 12°. 2 vol. *Paris* 1755.

- - - - de Regnard, 12°. 3 vol. *Amst.* 1753.

- - - - de Mr. de la Chaussé, 12°. 2 vol. *ibid.* 1757.

- - - - de Mr. du Freny, 4 vol. *Paris* 1747.

- - - - de Mr. d'Autreau, 12°. 4 vol. *ibid.* 1740.

- - - - de Montfleuri, 12°. 2 vol. *Haye* 1741.

- - - - de Campistron 12°. 3 vol. *Paris* 1754.

- - - - de Mr. de St. Foix, 12°. 2 vol. *ibid* 1748.

- - - - de Mr. de Boindin, 12°. 2 vol. *ibid.* 1753.

- - - - de Mr. Vadé, 8vo. 4 vol. *Haye* 1759.

- - - - de Mr Favart, gr. 8vo 3 vol. *Paris* 1758.

Le Nouveau Théatre de la Haye contenant les meilleurs operas Comiques, avec la Musique des Airs Choisies dans le gout Italien, 8vo 2 vol. *Haye* 1759

Poësie del Signor Abbate Metastasio, gr. 8vo 9 vol. *Torino* 1757.

Théatre de Metastasio traduit de l'Italien, 12° 11 vol. *Paris* 1751

Théatre d'Apostolo Zeno trad. de l'Italien, 12°. 2 vol. *Paris* 1758.

Oeuvres de Boileau, gr. 8vo. 5 vol. très belle edition avec des figures magnifiques, *Paris* 1747.

- - - - de Scarron, 12 vol. jolie edit. *ibid* 1752.

- - - - de Mad. & Mlle, Deshoulieres 2 vol. 12°. *Paris* 1756.

- - - - de St. Evremont, 12 vol. jolie ed. *ib.* 1755.

- - - - de Rousseau, 12°. 4 vol. *ibid* 1753.

- - - - de Milton, 4 vol. 12°. *ibid.* 1753.

Pieces separés.

Astarbé Tragédie.

Aristoméne Tragédie.

Alceste Tragédie.

Admete & Alceste Tragédie.

Adèle de Ponthieu, Tragêdie.

Ambitieux (l') & l'indiscrette, Comédie.

Abderites (les) Comédie.

Amours de Bastien & Bastienne.

Amans (les) Trompés, avec la Musique.

Bajocco & Serpilla; avec la Musique.

Bohemienne (la) Nouv. Edit., avec la Musique.

Blaise le Savetier opera Comique, *sous Presse.*

Bertholde à la Ville.

Caliste ou la Belle Penîtente Trag.

Chinois (les) avec la Musique.

Chinois (le) Poly en France.

Coquette (la) sans le savoir, Opera Comique.

Calisthene, Tragédie.

Cyrus Tragédie.

Clotilde Tragédie.

Caprice de l'Amour, Comédie.

Capricieuse (la) Comédie.

Comédiens, (les) en divorce, Comédie.

Chercheuse (la) d'Esprit, opera Comique.

Diable (le) a quatre, avec la Musique.

Devin (le) de Village, opera Comique.

Deux (les) Arléquins; Comédie.

Divorce (le) de Concert, Comédie. E-

Ecole (l') des Meres, Comédie.
Enfans (les) Trouvés, Parodie de Zayre.
Enforcelés (les) ou Jeannette & Jeannot, avec Musique.
Expedition (l') Secrette, Comédie Politique.
Fleuve (la) d'oublie, Comédie.
Fausse (la) Ridicule, opera Comique.
Fausse (la) Avanturiere, avec la Musique.
Fille (la) mal gardé opera Comique, *sous Presse.*
Foire (la) de Besons, Comédie.
François (le) a Londres, Comédie.
Gouvernante (la) Comédie.
Hypermnestre Tragedie, par Mr. le Mierre.
Huit Philosophes avanturiers, Comédie.
Jaloux (le) Corrigé, avec la Musique.
Iphigenie en Tauride Tragédie.
Lysimachus Tragedie.
Maximien Tragédie de la Chaussé.
Metromanie (la) Comedie.
Magnifique (le) Comédie.
Muet (le) Comédie.
Momus Fabuliste, Comédie.
Magie de l'Amour, Pastorale.
Mariage fait par Lettres de Change, Comédie.
Magazin (le) des Modernes, opera Comique.
Magots (les) Parodie, de l'Orphelin de la Chine.
Momus Exilé Comédie, N. E.
Maitre (le) de Musique, avec la Musique.
Ninette a la Cour, Comédie. Nouvelle Edit. augmentée des Airs nouveaux, avec la Musique.
Oracle (l') Comédie.
Orphelin (l') de la Chine, Tragedie.
Peintre (le) amoureux de son Modèle avec la Musique.
Pipée (la) Opera Comique, avec la Musique.
Policrite, Tragédie Comique.
Plaideurs, (les) Comédie.
Pot (le) de Chambre Cassé, Tragédie pour Rire.
Retour (le) de l'ombre de Moliere, Comédie.
Reunion (la) des Amours, Comédie.
Rhodolphe ou l'Opera perdu : Comédie.
Raton & Rosette, opera Comique.
Samson Tragédie.
Troqueurs (les) avec les Airs Choisies, Noté.
Venise Sauvée, Tragédie.
Varon, Tragédie, *& plusieurs autres Pieces.*

MUSIQUE EN PARTITION.

Le Peintre amoureux de ſon Modèle, les paroles de Mr. Anſeaume & la Muſique de Mr. Dúny.

Les Amans trompés, Muſique écrite à la main.

La fauſſe Avanturiere, Muſique écrite à la main.

Les Enſorcelées ou Jeannot & Jeannette, Muſique écrite à la main.

Le Jaloux Corrigé, Muſique écrit à la main.

Le Retour au Village, les paroles de Mr. Favart & la Muſique de Mr. Duny.

Le Chinois, traduit de l'Italién, la Muſique publiée par Mr. de la Chevardiere.

La Bohemienne, les paroles traduites de l'Italien, par Mr. Favart.

Bertholde à la Ville, la Muſique publiée, par Mr. de la Chevardiere.

Les Troqueurs, les paroles de Mr. Vadé & la Muſique de Mr. d'Auvergne.

La Servante Maitreſſe, Muſique del Sr. Pergoleſy.

Recueil des Airs Choiſis des Operas Comiques, nouveaux & autres, publié hebdomadairement à Paris, par M. Duny.

www.ingramcontent.com/pod-product-compliance
Ingram Content Group UK Ltd.
Pitfield, Milton Keynes, MK11 3LW, UK
UKHW021107270726
13993UKWH00006B/1059